ÉMILE BRAVO

LA FAIM DES SEPT OURS NAINS

SEUIL JEUNESSE

Il était une fois sept ours nains qui, après un séjour chez Petit Poucet (où ils s'étaient ennuyés à mourir), s'en retournèrent en forêt construire leur maison pour passer l'hiver.
Ah! Mais vous êtes têtus! Puisque je vous dis que c'est en brique qu'il faut la construire pour qu'elle soit solide!
En brique? Avec quel argent?

C'est vrai qu'ils n'étaient pas bien riches...
Ça faisait bien longtemps qu'ils n'avaient pas travaillé.
Fauchés comme les blés...
Ils ne disposaient que d'un seul bien : une vache qu'ils avaient empruntée à Poucet.
Ils se nourrissaient du lait qu'elle leur donnait tous les jours.
À TAAABLE !!
SLIRP! SLIRP!
Encore du lait !
Oh ! lala ! Y en a marre du lait !
Évidemment, les repas n'étaient pas très variés...

Un jour, lassé du lait, l'un d'entre eux eut une idée.
Toi ! Va donc au marché vendre la vache. Tires-en un bon prix et avec l'argent, achète du beurre. Ça changera du lait.
Pourquoi moi ?

ET DU PAIN D'ÉPICE POUR METTRE DESSOUS !
CRÉNOM ! MAIS C'EST DES BRIQUES QUE VOUS DEVEZ ACHETER !!

Le pain d'épice, c'est du pain mélangé avec du miel... Les ours en raffolent.
Ooh, oui ! Qu'est-ce qu'on donnerait pas pour un morceau de pain...
Oui, enfin, leur truc c'est surtout le miel...

En chemin, notre ours rencontra un vieillard tremblotant.
Houlà!
Oooooh!
Où vas-tu, mon bon ourson avec cette vache à la patte?
Hein? Je... Je vais la ve... vendre au marché...
Ho! HO! Et que dirais-tu si je te l'échangeais contre ce haricot ? CE HARICOT MAGIQUE! HA! HA!

L'ours se mit à son tour à trembler.
V... Vous... Vous êtes un bandit et vous allez me voler. C'est... C'est ça ?
CLAC! CLAC! CLAC!
Quoi ? Mais, non !
L'ancien lui raconta une histoire à dormir debout de haricot géant, de château d'ogre avec un trésor à saisir, et je ne sais quoi encore...
...De toute façon, l'ours n'écoutait pas : il était terrorisé.
Lorsque le vieillard lui glissa le haricot dans la patte et lui prit sa vache, l'ours s'en retourna chez lui, tout choqué par son agression.
Mais il n'osa pas raconter sa mésaventure tant il se sentait coupable et lâche.
Quoi ? Tu l'as échangée contre UN haricot ? Tu aurais pu, au moins, en demander sept !
Hein ? Oui mais celui-là, il est magique... Mais je sais p'us pourquoi...

Et ce qui devait arriver arriva : à peine les ours avaient-ils fini de construire leur maison que l'hiver s'installa dans la forêt...
HUUUUUUUUUUUU!

...Et avec lui, la famine.
Bôaah! Qu'est-ce qu'on a faim!
On n'a plus qu'à manger notre dernière ration de lait.
Y a encore du lait?

POM! POM! POM!
On frappe à la porte !
N'ouvre pas!
HUUUU!
Bonsoir, messieurs ! Je suis le chat aux bottes fourrées! Il fait un froid de canard et je vous remercie pour votre hospitalité.
Et sans vouloir en abuser, n'auriez-vous pas quelque chose à manger?
Quoi?
Alors là, vous tombez mal...

Il nous reste sept bols de lait pour nous mais on ne le partage plus parce qu'on en a trop peu...
DU LAIT !
MIAMM !
Mais ce lait... Où vous l'êtes-vous procuré ? Je n'ai pas vu d'étable.
Ah, ben, justement...
Les ours lui racontèrent l'histoire de la vache. Le chat n'en croyait pas ses oreilles.
Quoi ?!
Moi je dis que celui qui a échangé votre vache contre ce haricot ne mérite pas son bol de lait. Qui est-ce ?
Il est couché dans son lit, il est trop faible.

Écoutez, il y a trop de bouches à nourrir, ici. Il faut perdre l'un de vous dans la forêt. Comme ça, il y aura plus à manger pour les autres.
Perdre notre frère ! Mais c'est horrible !
Pff ! Mais non ! Tout le monde fait ça !
Mais oui ! Rappelle-toi ce que nous a raconté le Petit Poucet.
Mais nous, on pourra jamais le faire.
Moi, je vous le fais... En échange de son bol.
Hein ? Mais si vous prenez son bol, ça ne fera pas plus de rations pour nous.
Si, car moi, je partage alors mon croûton de pain...
DU... DU PAIN !

Quand on a faim, on est capable de tout.
Allez, debout! Le monsieur t'emmène nous chercher du pain.
?
Tu vas prendre l'air. Ça te fera du bien.
Dehors, la tempête soufflait fort.
Diable! Il ne faudrait pas que je me perde à mon tour.
Revenez vite!
Pour retrouver la maison, le chat eut l'idée de semer, le long de son chemin, tout ce qu'il avait en poche, à commencer par le haricot qu'il avait chapardé.
Ensuite, je déposerai quelques miettes de pain.

Arrivé au plus profond de la forêt, le chat voulut alors semer l'ours...
Bon, ça ira... Tiens ? Mais où est-il, cet âne ?
FFFF!!! MAIS QU'AS-TU FAIT, TRIPLE BUSE À BONNET !!
?
MIAM! MIAM! Crounch! Crounch!
L'ours affamé avait avalé toutes les miettes...
Y avait plein de pain par terre... Crounch!
GRRRGNNN! NOUS VOILÀ PERDUS DANS LE BOIS !!!
LA LA LI LA!

On est perdus?
CHUT! ÉCOUTE!
PROM'NONS-NOUS DANS LES BOIS...
... PENDANT QUE LE LOUP N'Y EST PAS...
Voilà notre chance! Laisse-moi faire!
...SI LE LOUP... OH!
AAAAAAAAAAAAAH! JE MEEEUUUUURS!
Qu'est-ce que vous avez? Vous êtes tombé malade?
Mais, tais-toi donc! GNNNN...

Mais que vois-je! Un pauvre petit chat qui se meurt!
AAAAAH! Aidez-moi, petit chaperon fourré, je suis perdu et... AAAH! Je crie famine.
Hein? Moi aussi...
Tiens, petit chat, mange ce beurre et cette galette. C'était pour mère-grand mais tant pis, je lui en apporterai d'autres demain.
MIAM!
Hum! Crunch, crunch! Et vous en avez beaucoup de galettes avec du beurre, comme ça, chez vous?
Ça, oui! On manque de rien: je suis la fille du père Noël!
ROOOON! ROOON!
M'dame...

Oooh ! Adoptez-moi ! Je suis un chaton tout mignon !
Bon, entendu. Et ton copain, on l'emmène avec nous ?
ROOOON ! ROOOON !
PPRRBLLBLL !
Hein ? Quel copain ?
L'ours s'était mis à saliver de faim et baver d'envie.
Ben, l'ourson tout malade, là...
BLLBLLPRRBLL !
Ah, lui ! Hors de question ! Regardez, il a la rage.
LA RAGE !! AU SECOURS ! FUYONS !
Salut !
?
Et voilà comment notre ours fut finalement abandonné.

L'ours erra seul dans la tempête sans comprendre.
Pourquoi y a plus de miettes de pain ?
C'est alors que son flair se réveilla.
KLING
SNIF ?
Mais ça sent le...
Il tomba sur une maison, tenez-vous bien, faite de brique et de tuile en pain d'épice, gâteau et autres sucreries. L'ourson n'en croyait pas sa truffe.
HAAGLBLBLBRA!
DU PAIN!

À peine avait-il entamé un mur que deux beaux enfants sortirent de la maison.
CRUNCH! GRONF!
HALTE! TOI! QU'EST-CE QUE TU FAIS ?! SABOTAGE!
Pitié! Je suis un pauvre ourson abandonné qui meurt de faim!
Tu entends ça, Hansel? Abandonné, comme nous!
Si tu veux manger, rentre dans la maison et n'abîme pas l'extérieur qui nous protège de la tempête.
Ah? Merci.

Depuis qu'ils habitaient cette maison, les enfants avaient dévoré une bonne partie de l'intérieur.
MIAM! SCRONCH! Mais... Elle est à vous, fette maivon?
À nous? Çà, non! C'était la maison d'une vieille sorcière qui voulait nous manger.
Mais Gretel l'a poussée dans le four à pain! HA! HA!
Prrff! Hansel, tais-toi! Hi! Hi!
Ah?
Mais maintenant, je comprends pourquoi elle voulait nous cuisiner... Gretel, j'en ai marre des sucreries...
Moi aussi, Hansel... De la chair fraîche d'ourson rôti nous ferait du bien...

Heureusement, Hansel et Gretel, gênés par leur poids (qui - entre nous, les enfants - était dû à leur surconsommation de sucre, responsable également de leurs dents gâtées) n'étaient pas bien agiles. Ainsi, l'ours put s'enfuir de la maison. Mais il restait faible et perdait son avance...
PFF! PFF!
C'EST COMME ÇA QUE... PFF! TU NOUS REMERCIES ?!
PFF! PFF! REVIENS, INGRAT!
À L'AIIIIDE!!!

Et l'aide arriva en la personne de monsieur le loup qui bondit...
Hep, là ! Par ici, mes gaillards !

Eh bien ! SLURP ! Moi qui attendais un petit chaperon, me voilà avec deux gros lardons gras comme trois porcelets !

Le loup parti, l'ours retourna dans la maison sucrée.
Je vais rester ici jusqu'à la fin de la tempête pour reprendre des forces. Ensuite je partirai retrouver mes frères qui doivent s'inquiéter.
La tempête dura bien longtemps et à force de manger le pain d'épice de la maison...
CRAC!
KLING!
Oooooooh!

...L'ours trouva le trésor de la sorcière caché dans un mur.
Des pièces en... en... EN CHOCOLAAAAT!!
Non, non! C'étaient de vraies pièces d'OR!
D'ailleurs, l'ours le constata par lui-même en cassant son dernier croc sans carie...
CROC!
CRAC!
Ouïe!
Puis, la tempête finie, il prépara son départ en chargeant le trésor dans une brouette, avec des provisions de pain d'épice pour l'hiver.
C'est pour mes frères!

Parti à la recherche de son logis, l'ours curieux fut guidé par une chose intrigante.
Tiens ? C'est bizarre, ce truc...
Il se dirigea vers ce grand arbre vert qui dominait la forêt hivernale.
Ooooh ! C'est rigolo.
Et il tomba pile-poil sur sa cabane, devant laquelle un pied de haricot géant avait poussé. C'était vraiment magique car nous étions en plein hiver.
Oooh, chouette ! C'est ma maison !

Ses frères, remplis de ragoût de haricots géants… et de remords, l'accueillirent avec joie…
Coucou, c'est moi !
Ooooh! Not'e frère !
OOOOH!! DU PAIN D'ÉPICE !!!

Ils firent ripaille pour fêter leurs retrouvailles. Notre ours mangea une bonne soupe de haricots et les autres finirent les provisions de pain d'épice.
GROUMF!
GROUMF!
HÉÈ! Demain, avec le trésor, on achètera du beurre et des briques de pain d'épice!

Quand tout fut avalé, les ours allèrent se coucher le ventre bien gonflé.
RÔÔÔÔNN!
RRÔÔÔÔÔÔN!

Mais la nuit, le chat chapardeur bien fourré, qui avait quitté le petit chaperon, le sac rempli de galettes, passa devant la maison des ours.
?
SNIF!
Y a quelqu'un ?
RÔÔÔÔN!
RÔÔÔÔN
POUAH !!
PESTE !
QUELLE ODEUR !
Tiens ?

Le lendemain, voyant que leur trésor avait disparu et lassés des haricots, nos ours retournèrent dans leur lit dormir jusqu'au printemps, car comme dit le dicton: « qui dort dîne »... Et c'est depuis ce temps-là que l'argent n'intéresse plus les ours qui préfèrent aujourd'hui s'engraisser pendant les beaux jours pour hiberner tout l'hiver.
RRÔÔÔÔN!
Salut!
FIN

LA BANDE DES PETITS

Collection dirigée
par Frédéric HOUSSIN
et Cédric RAMADIER

Dans la collection :

LE FILS DU PIRATE
par Vincent Bourgeau

L'OURS VOLEUR DE MERGUEZ
par Alain Crozon

BOULE DE POILS ET MON CANARD
par Marc Boutavant

POULPE À TOUT FAIRE
par Marianne Boilève et Clément Oubrerie

RAMDAM SUR LE MACADAM
par Christian Aubrun

NIAC NIAC !
par Lionel le Néouanic

UN CHOUETTE CAMPING-CAR
par Muzo

BOUCLE D'OR ET LES SEPT OURS NAINS
par Émile Bravo

LES AILES LES PLUS BLEUES
par Gaëtan Dorémus

LE PÈRE DU PIRATE
par Vincent Bourgeau

LA BELLE AUX OURS NAINS
par Émile Bravo

Conception graphique : DOUBLE

Dépôt légal : octobre 2005
ISBN : 978-2-02-083857-3
N° 83857-5

Loi 49-956 du 16 juillet 1949 sur les publications
destinées à la jeunesse

Imprimé en France

www.seuil.com